AF376008

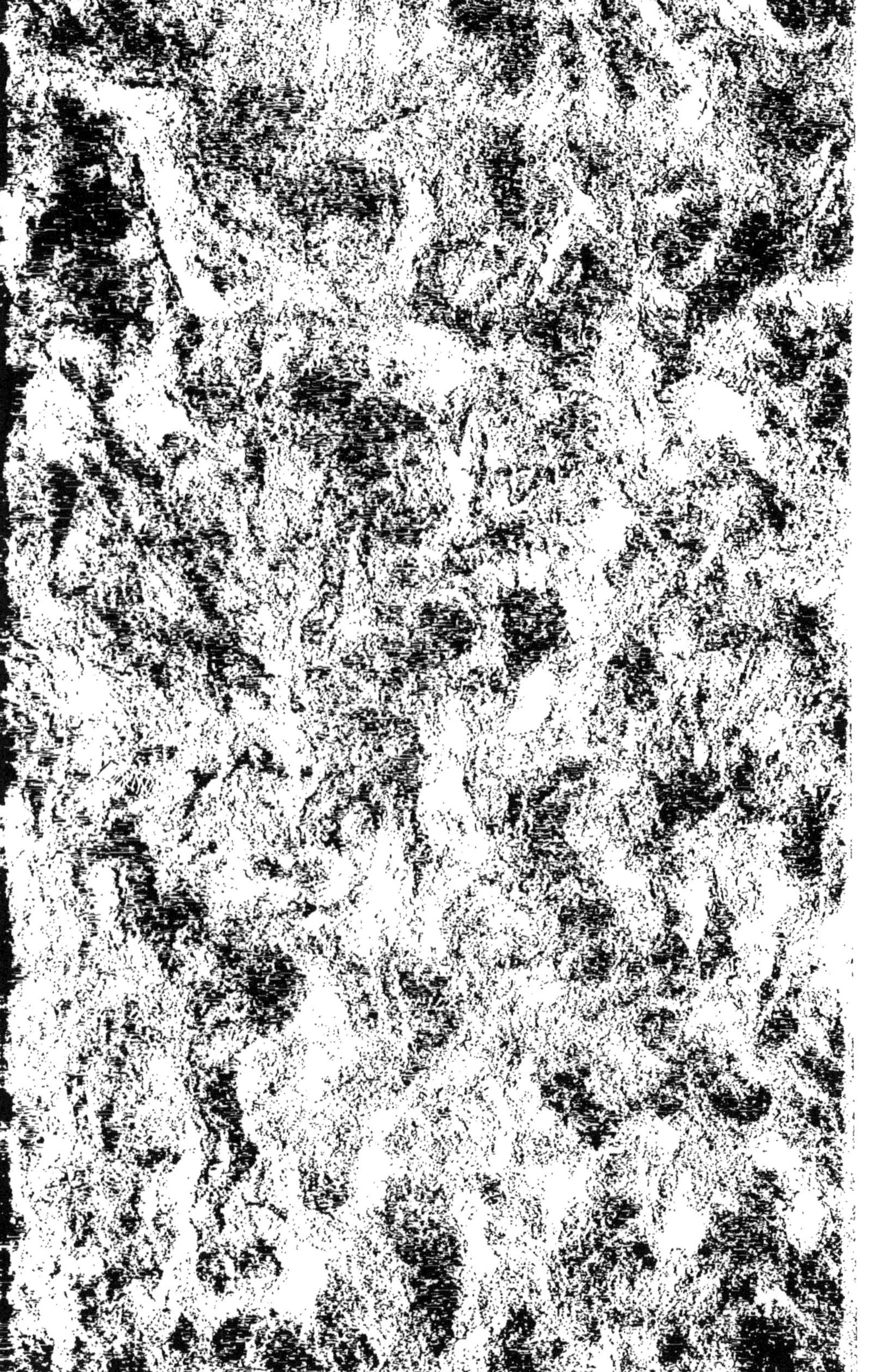

Denain

DENAIN

Collection historique dirigée par Noël Aymès

DENAIN

PAR

JEAN FERRATIER

————— ❈✦❈ —————

PARIS

BLOUD ET Cie, ÉDITEURS

7, Place Saint-Sulpice & 1 et 3, rue Férou

—

1913

Tous droits réservés.

Victoires Françaises

PRÉFACE

Notre passé est incomparable. L'exalter, ce n'est pas nous targuer d'un ridicule orgueil; c'est, en y cherchant de grands modèles, nous efforcer de ne pas démériter des ancêtres qui nous l'ont légué.

Un peuple qui a le culte de son passé reste mûr pour les belles choses. Nous avons eu de grands penseurs, de grands artistes, de grands poètes. Il convient de les célébrer, de connaître et leur mérite propre, et leur influence. Cependant notre gloire militaire est celle peut-être que dans le fond de nos cœurs nous chérissons le plus : c'est qu'elle est, plus encore que toutes les autres, nationale.

Sur le point d'attaquer les retranchements de Denain, un officier demandait à Villars s'il ne fallait pas jeter dans le fossé quelques fascines. « — En vérité, Monsieur, répondit le maréchal, croyez-vous que l'ennemi nous en laisserait le temps ?... Non, non : les fascines, ce seront les corps des premiers de nos gens. » Ces « premiers de nos gens », il y en eut dans toutes nos batailles. C'est leur admirable offensive, leur oubli joyeux de la mort, qui donnaient à leurs chefs la confiance, condition du suc-

cès. Et voilà pourquoi notre gloire, notre honneur, sont si solides : ils sont cimentés de leur sang. Etudier une victoire française, c'est admirer l'habileté du général, la bravoure des troupes : c'est se sentir deux fois français.

Nos victoires, cependant, nous les connaissons peu. Le détail des marches, contre-marches, manœuvres, semble du domaine de l'érudition pure ; nous préférons tel exploit de détail, la prise d'un drapeau, d'une batterie de canons.

Il nous a paru qu'on pouvait être clair sans être trop sec, relativement long sans être ennuyeux. Chaque victoire a son caractère propre : l'une est un coup d'audace et de fortune, l'autre l'épilogue logique de toute une campagne ; telle réclame le portrait minutieux du général, telle autre se comprend mieux par l'état d'âme des soldats ; une troisième nécessite — Bouvines — un aperçu des mœurs ; une encore — Poitiers — est le choc de deux races, de deux religions, de deux mondes.

Toutes sont sœurs, bien peu sont tout à fait semblables. C'est pourquoi la série en est une, vaste et variée. Les évoquer tour à tour, ce n'est pas nous poser en matamores, en criant : « Sabrrre de mon père !... » C'est, simplement, prendre conscience de notre bien.

Tous les coups de clairon ne sont pas forcément un appel aux armes ; il est, par exemple, une sonnerie énergique sans être belliqueuse, si simple, si claire, — si française ; c'est, dans l'aube frissonnante et fraîche, le Réveil :

Soldat, lève-toi...

Noël AYMÈS.

Mars 1913.

TABLE DES CHAPITRES

Louis **XIV** (1643-1715)

—

DENAIN

CHAPITRE I

Le grand danger des grandes gloires.

Les extrêmes périls sont-ils la rançon des gloires éclatantes? On pourrait être tenté de le croire, à considérer le passé de notre France. Nul pays ne fut plus qu'elle doué des conditions de fertilité et de climat propices au développement heureux d'une race; nul pays, depuis Athènes, ne tint une place plus brillante dans l'histoire générale de la civilisation; nul peuple non plus ne montra mieux que le nôtre son héroïsme souriant sur les champs de bataille.

Goût des belles-lettres et des beaux-arts, science de vivre en joie — excessive parfois — dans la paix, science de mourir un refrain aux lèvres, face à l'ennemi, telle est, dans une très large part, notre physionomie morale, tel notre portrait parmi les images de cette famille si désunie, si bien prête toujours à s'affaiblir et se déchirer elle-même, que l'on appelle l'Europe.

Mais pour cette raison justement que notre santé est d'habitude prospère, et que nous offrons à des voisins facilement jaloux le spectacle d'un visage florissant non moins que malicieux, on envie aisément notre « insolent » bonheur. Il faut reconnaître aussi que

nous n'avons pas toujours la sagesse de Nestor, et que pour la satisfaction savoureuse de
faire la nique aux gens, souvent encore pour
la justification des entreprises où nous voyons
notre droit, nous partons volontiers en
guerre : le règne de Louis XIV est à ces différents égards l'un des plus complets de notre
histoire.

Notre fortune va sous ce prince aussi haut,
aussi loin qu'elle peut aller ; le souverain
est véritablement le *Roi-Soleil*. Aux armées, des généraux comme M. le prince de
Condé et M. le maréchal de Turenne com-
mandent à des troupes qui ont vite appris à
vaincre la vieille infanterie espagnole ; à Versailles, un palais s'élève dont Saint-Simon,
la méchante langue, ne manquera point de
dire que les toits semblent avoir brûlé, mais
qui est un chef-d'œuvre de majestueuse har-

monie; dans ses galeries somptueuses, dans les jardins que vient de tracer Lenôtre — « le sieur Naute », disent sans respect ni considération maints papiers du temps — grandes dames et courtisans accourus en foule se disputent la faveur du maître; enfin Molière, Racine, Boileau, sans compter La Fontaine qui ne plut jamais à Louis XIV, illustrent l'âge classique. L'éloquence de Bossuet dogmatise et subjugue; la piété d'un Fénelon s'impose avec la ferme douceur qui peut venir d'un prélat fervent, nourri en même temps de suc antique, et incomparablement gentilhomme.

Or, ce lustre des lettres et des arts n'est que l'un des aspects sous lesquels se montre aux contemporains la grandeur de ce règne : je puis dire sans être accusé de barbarie que les triomphes mêmes de la plume ou du pin-

ceau, voire de l'équerre (les vastes construc-
tions seraient ce qui excite le mieux leur
jalousie) les troublent et les incommodent
beaucoup moins que les succès, moins pacifi-
ques, de nos armes. Nos campagnes en Fran-
che-Comté, en Hollande, sur le Rhin, leur
coûtent plus cher encore, à eux qui sont vain-
cus, qu'à nous qui sommes vainqueurs; leur
orgueil national autant que leurs intérêts se
trouvent lésés par notre politique.

C'est pourquoi, le jour où Louis XIV met
sur le trône d'Espagne son petit-fils Philippe
d'Anjou, ils ne peuvent se résigner à voir
sans lutte s'établir en Europe l'hégémo-
nie, la suprématie des Bourbons ; et leurs
efforts pour arrêter dans cette marche as-
cendante notre roi, dont il semble que l'on
pourrait dire, comme de l'écureuil de feu son
surintendant : *quo non ascendet*, où ne mon-

tera-t-il pas ? pensent nous conduire à notre perte.

Nous étions cependant dans les limites de notre droit : le duc d'Anjou, devenu Philippe V d'Espagne par la volonté de son grand-père, était l'arrière-petit-fils de Philippe IV, tandis que son compétiteur, l'archiduc Charles, n'en était que le petit-neveu. Mais l'Europe craignait trop la France : Angleterre, Hollande, Prusse, Allemagne, Portugal, Savoie, s'unirent contre nous. Malborough envahissait les Pays-Bas, le prince Eugène envahissait le Milanais; vainement Vendôme et Berwick remportaient-ils les succès de Cassano et de Calcinato en Italie, d'Almanza en Espagne, nous semblions à bout d'efforts, à bout de gloire. Tantôt Eugène, tantôt Malborough, étaient vainqueurs, à Hochstaedt (1704), à Turin (1706), à Ramillies (1706), à Oudenarde (1708), à Malplaquet (1709). Nous étions repoussés de l'Italie, des Pays-Bas, même d'une partie de la Flandre française. La brillante victoire de Vendôme à Villaviciosa affermissait bien la couronne d'Espagne sur le front de Philippe V, mais n'écartait point le péril de nos propres frontières.

Or, au printemps de 1712, Louis XIV comptait 74 ans; il règnait depuis 69 ans. Le deuil planait sur sa famille; la Cour était triste. Les jeux exagérés et les ris de jadis avaient depuis longtemps disparu; la noblesse, morose et désœuvrée, n'avait qu'une distraction : se faire tuer à la guerre. Elle en usait. Mais si brillants qu'ils fussent, les services individuels ne pouvaient rétablir notre fortune, trop ébranlée par les coups successifs que l'on vient d'indiquer.

« L'ennemi pourtant poursuivait ses succès ;
» il entrait en Provence et assiégeait Toulon.
» Villars, envoyé sur la frontière du Dauphiné
» (1708). retardait un peu ses progrès ; mais,
» au nord, le cercle qui étreignait la France se
» resserrait : le désastre d'Oudenarde, la prise
» de Lille ouvraient la frontière ; les rigueurs
» d'un hiver exceptionnel, la famine et la
» maladie venaient porter à leur comble la
» détresse, la souffrance. l'inquiétude du
» pays [1]. »

Un seul de nos généraux n'a pas connu encore de véritable revers : Villars. Le 14 octo-

---

1. Marquis de Vogüé : *Un dernier mot sur Villars*, dans *Le Correspondant* du 25 juin 1903. — M. le marquis de Vogué, qui a édité les *Mémoires de Villars*, en 6 volumes, et *Villars d'après sa correspondance*, en 2 volumes, fait justement autorité en la matière.

tobre 1702, à Friedlingen, il a battu le prince de Bade ; fait maréchal de France, il remporte, en 1703, une victoire en ce même lieu d'Hochstaedt où nous allons, l'année suivante, être défaits. Sur la Moselle, puis sur le Rhin, en Souabe enfin et en Wurtemberg, Villars a maintenu ensuite ou lancé nos troupes ; et il s'est même à ce jeu fait une réputation de pillard trop méritée. Après Malplaquet (11 septembre 1709), où il a été blessé sérieusement au genou, il a pu écrire sans forfanterie à Louis XIV : « Si Dieu nous fait la grâce de perdre encore une pareille bataille, V. M. peut compter que ses ennemis sont détruits. » En effet, Malborough ni le prince Eugène n'avaient pu jeter le désordre dans nos rangs ; la retraite de nos troupes avait été telle que non seulement notre dignité était intacte, mais encore la confiance prête à renaître.

C'est à ce Villars que le Roi va confier au moment suprême le soin de défendre l'honneur
et de sauvegarder l'avenir de la France; et il
réussira. Quel est-il donc, exactement ? Un
capitaine de génie ou un soldat heureux? un
grand seigneur de race ou un bourgeois gentilhomme? un grand esprit, un grand cœur,
ou seulement une grande fortune?

CHAPITRE II

Louis-Hector de Villars.

Ce personnage qui a rendu au Pays des
services répétés, puis un service immense ; ce
guerrier qui à 81 ans chargeait l'épée au
poing, et qui trois mois plus tard mourait en
Italie où il était venu combattre une dernière
fois la Maison d'Autriche, ce général chargé
de titres et de gloire, n'est pas l'une de ces fi-
gures qui invinciblement attirent la sympathie. Dans une large mesure cependant, il
est, suivant une expression fort aimée aujour-
d'hui, « fils de ses œuvres. » Il était né noble,

de noblesse provinciale et assez récente : ses
aïeux avaient longtemps été marchands de
fer ou de sel dans la vallée du Rhône; bourgeois alors, fort à leur aise et influents, ils
avaient été consuls, échevins, voire prévôt des
marchands de la ville de Lyon; l'un d'eux,
entré dans l'Eglise, y avait fait brillante carrière, et, archevêque de Vienne, n'avait pas
manqué de protéger ses neveux. L'article-
conclusion de M. le Marquis de Vogüé, que je
viens de citer, résume ce développement d'une
famille française en deux pages exquises, qui
sont pour l'histoire du foyer français d'un
haut enseignement. L'un de ces neveux,
Claude, chambellan de Henri III, reçut des lettres de noblesse définitive.

« A partir de ce moment, les Villars vécu-
» rent « noblement », c'est-à-dire pauvre-
» ment, car, les profits du commerce suppri-

» més, le patriotisme territorial était insuffi-
» sant et les enfants très nombreux ; l'Eglise
» en recueillit un grand nombre : les filles
» entraient par fournées à la Visitation de
» Condrieu, à Saint-André-le-Haut de Vienne ;
» les garçons se succédaient à l'archevêché
» de Vienne ou au prieuré de Beaumont ; le
» reste se mariait comme il pouvait ou cher-
» chait fortune dans le métier des armes. »

Ce fut ce dernier parti auquel se tint notre
héros. En quoi il imitait Pierre de Villars, son
père. Mais celui-ci, riche d'honneur plus que
d'écus, faisait à force de valeur oublier qu'il
s'était gravement compromis dans la Fronde :
même, le jeune Claude-Louis-Hector, le futur
vainqueur de Denain, avait eu la fâcheuse
inspiration de naître en ces moments troublés
le 8 mai 1653, et en exil. Sa mère était une

Bellefonds, parente du maréchal de ce nom ;
mais voyez la disgrâce : juste au temps où
Hector allait entrer dans la carrière militaire,
Louvois, devenu tout-puissant, était fort mal
avec Bellefonds. La protection du maréchal
devenait un danger ; notre cadet s'en passa
gaillardement et arriva, seul, par son éclatante bravoure, à fixer sur lui l'attention du
roi. En un siècle où le courage était la plus
répandue des vertus, il en fallait un singulier
pour se placer hors pair dès le début des opé-
rations. A vingt-et-un ans, il devait au sien
d'être colonel de cavalerie.

Mais il n'aurait, pour sa mémoire, guère
dû sortir des camps. A la Cour, il ne sait pas
se tenir. Certes, il ne faudrait pas exagérer la
délicatesse des mœurs du temps, ni se faire
d'un seigneur au xviie siècle une conception

Villars, Maréchal de France,

par FRANQUE.

idéale, y voir un modèle impeccable de mesure, de discrétion, de bon goût ; il arrive au
contraire que certaines plaisanteries de l'é-
poque nous paraissent assez grosses et que
les courtisans ne montrent pas toujours ce
raffinement de langage et cette courtoisie
constante qu'on leur voit dans les tragédies
de M. Racine. Mais enfin, Versailles est bien
l'endroit le plus policé de l'Europe, et dans
ce milieu où l'on s'observe soi-même autant
que l'on observe les autres, la jactance de ce
soldat, son manque à peu près complet de ce
qu'on appelle « le savoir-vivre », que certains
ont naturellement et que lui, Villars, ne con-
naîtra jamais, ont de fâcheux résultats. Sa
jeune vanité se heurte à la vanité débordante
de Louvois ; le ministre a tôt fait « d'envoyer
promener » le colonel ; comme celui-ci sou-
haiterait précisément d'aller se battre con-

tre les Turcs, on ne manque point de lui en refuser la permission.

Puis on la lui accorde, d'une façon détournée. Il est curieux que ce soit l'austère madame de Maintenon qui ait protégé Villars, à ce moment où ses affaires étaient en mauvais point, et plus tard et toujours. Cela est pourtant. Preuve que si cette dame fut en somme assez ennuyeuse et revêche, elle sut parfois servir contre ses propres goûts le véritable intérêt du roi. Villars donc est envoyé en Bavière, en mission diplomatique secrète ; il plaît : à Munich, on en était encore au gros sel. L'électeur de Bavière emmène le diplomate contre les Turcs ; cette fois le brillant guerrier se retrouve et, comme toujours aux combats, est sans rival. Jadis en 1526, les Turcs avaient écrasé les Hongrois ; au même endroit, à Mohacz, cent soixante-et-un-ans plus tard, les Hongrois aidés des Impériaux prenaient une éclatante revanche : c'est là que Villars se distingue une fois de plus.

J'ai dit qu'à Munich, il a plu ; je n'ai pas dit qu'il réussit. Sa mission en effet, devenue officielle, échoue complètement. M. de Vogüé, dans le premier volume de *Villars d'après sa correspondance*, raconte dans tous les détails cette aventure, ou plutôt cette mésaventure ; l'essentiel est que notre héros revienne avec empressement au seul métier des armes, celui qui lui convient le mieux. Le voici maréchal de camp ; il guerroie en Flandre, puis sur les bords du Rhin, en Palatinat. Il guerroie heureusement, et en outre il pille. Il pille audacieusement, effrontément. Excellant à organiser des surprises, il va, vient, apparaît ici, surgit là, et là comme ici rançonne. Le budget du Roi s'en trouve bien, le sien s'en trouve mieux encore. Fort habilement, il travaille en même temps à reconquérir la faveur de Louvois, et il y parvient par une série de rapports qu'il adresse au ministre, rapports doublement remarquables, puisque c'est l'homme de guerre qui parle — et il est, chez Villars, supérieur — en même temps que l'ambitieux désireux de se mettre en relief. Lors du traité de Ryswyk, où se terminait, le 20 septembre 1697, la guerre dite de la Ligue d'Augsbourg, il est lieutenant général, gouverneur de Fribourg, commissaire général de la cavalerie. Louis XIV en fait son ambassadeur à Vienne : diplomate à nouveau, il se montre à nouveau plein de talent, et de nouveau... échoue.

CHAPITRE III

Un beau sujet de tapisserie...

Ce n'était point sa faute. Assurément non. Toujours est-il qu'à la guerre seulement, on pourrait lui appliquer cette parole si joliment de notre race : « Le mot *impossible* n'est pas français ». Il le prouve en effet une fois de plus par ces victoires de Friedlingen, de d'Hochstaedt dont nous avons parlé déjà, et qui nous amènent en pleine guerre de succession d'Espagne, Or, en ce temps, une autre guerre, une révolte grave, nous frappe à l'intérieur : les Protestants des Cévennes et de la Lozère n'ont pas voulu se soumettre à la révocation de l'Edit de Nantes ; et ils sont devenus *cami-sards*, c'est-à-dire qu'ils ont pratiqué sur les catholiques l'attaque brusque appelée *cami-sade*, du nom de la chemise dont ils cachaient leurs armes. Vous savez l'étrange fortune de leur chef, Jean Cavalier, garçon boulanger, qui se fit prédicateur, et souleva au nom de la religion réformée toute une province. Les troupes envoyées pour rétablir la paix furent impuissantes ; un maréchal de France lui-même, M. de Montrevel, n'y parvint pas : Louis XIV y envoya Villars.

Et Villars, plus heureusement qu'en Bavière ou en Autriche, use de diplomatie : il achète Jean Cavalier. Celui-ci, pourvu d'un brevet de colonel et d'une pension royale, abandonne toute idée de prêche ; ses malheureuses ouail-les, désorientées, sont réduites à l'impuis-

sance, tandis que leur prédicant, que son
nouveau grade ne rassure décidément pas,
préfère passer en Angleterre où il sert avec
distinction, et où il mourra gouverneur de
l'île de Jersey. Pour un garçon boulanger...

Hochsta'edt, en 1703, avait été, sous Villars, une victoire ; en 1704, c'était un désastre : le commandant de nos troupes, le maréchal Camille d'Hostun, duc de Tallard, élève
de Condé, puis de Turenne, était battu, fait
prisonnier, emmené à Londres. Villars, rap-
pelé contre Eugène et Malborough, revenait
à la guerre de succession d'Espagne : nous
l'y avons vu plus haut. Et maintenant, si
vous voulez vous faire une idée simple et
nette de son aspect au jour glorieux de Denain, soyez satisfaits :

« C'est lui, maintenant, qui marchait devant les grenadiers, les gendarmes et les mousquetaires ; au-dessus des seigles, il semblait, sur fond bleu de Flandres, suivi de ses mestres et de ses maréchaux de camp, quelque héros vêtu de l'or et de la pourpre, et de la main montrant, sur quelque ouvrage fastueux des Gobelins, les troupes ennemies mêlées, fondues l'une à l'autre. ».

Vous ne voyez pas ? — Tant mieux donc ! Dieu vous garde, mes enfants, de toute grandiloquence ; cette phrase pomp...euse revient à dire que la bataille de Denain est un beau sujet de tapisserie ; Villars assurément quand il menait ses troupes à l'assaut sur fond bleu des Flandres (?), ne pensait qu'à cela. L'auteur de cette trouvaille aime les images ; sous sa plume elles croissent et elles se multiplient. Villars, nous le savons, avait été blessé au genou à Malplaquet, trois ans plus tôt.

« Une assurance prudente et mâle, une fou-
gue tempérée de raisonnement et de médita-
tion, voilà M. de Villars au moment de Denain. La défaite cruelle, la blessure cuisante
ont, depuis ces trois ans, mûri l'âme du guerrier, affermi son caractère ; il y a désormais
de Nestor autant que d'Ulysse en M. le maréchal ». La défaite cruelle, c'est Malplaquet :
une défaite qui relevait le courage de l'armée ; défaite dont Villars lui-même écrivait
ce que nous avons vu : « Si Dieu nous fait la
grâce de perdre encore une pareille bataille,
Votre Majesté peut compter que ses ennemis
sont détruits ; » défaite après laquelle le maréchal, déjà duc, avait été fait pair de France.
Certes, Villars sentait tout le poids de la res-
ponsabilité dont l'avait chargé la confiance
du roi, — et de madame de Maintenon ; il
savait parfaitement qu'il engageait toute sa

gloire personnelle, le prestige du trône et la
sécurité du pays entier ; il lui fallait donc —
en avant, les images ! — prudence de ser-
pent, œil de lynx ; quant à la « blessure cuisante » au genou — il n'était pas encore ser-
pent, qui n'a ni bras, ni jambes, ni genoux,
évidemment pour n'y être pas blessé, par
prudence — il s'en était fort bien remis, et
il y a peu de chances pour qu'elle eût « mûri
l'âme du guerrier ». Mais ce guerrier était
Nestor, c'est-à-dire le héros le plus bavard
de l'antiquité grecque : or si l'attaque de Denain a réussi, c'est que jusqu'au dernier
moment, nous allons le voir, le commandement observa sur ses intentions le plus ri-
goureux mutisme !... Enfin, M. de Villars,
d'ailleurs fort satisfait de sa personne, avait
alors 59 ans ; le compliment qui le compare au
verbeux vieillard l'aurait médiocrement flatté.

Fallait-il, de notre récit, supprimer cette rapide critique ?... Que non !... Ces grands mots et ces grandes images, voyez-vous, par lesquels vous êtes trop facilement éblouis, c'est pour les parents (pauvres parents!) qui en absorbent ce qu'ils veulent, ce n'est point pour les enfants ! En d'autres termes, soyez simples. Et passons.

CHAPITRE IV

Les Armées de Denain.

Enfin, qu'il fût Ulysse ou Nestor, ou les deux, ou ni l'un ni l'autre, Villars commandait en chef à Denain, ayant le pas même sur un autre maréchal de France, également à l'armée, M. de Montesquiou. De ce qui précède, vous aurez pu conclure que si le personnage privé mérite en somme une estime assez tempérée, égoïste, avide, vaniteux, le général est remarquable non seulement par son bonheur comme voudrait le faire croire Saint-Simon, mais encore par ses qualités. La chance seule n'explique pas une pareille carrière. Mais parmi ses contemporains il ne se trouve pas une voix pour mettre en relief sa valeur avec une réelle, une chaude sympathie. Certains le détestent, beaucoup le craignent, nul ne l'aime. S'il avait eu ce que nous appelons aujourd'hui *du cœur*, il eût souffert d'être ainsi méconnu; il ne semble pas en avoir été affecté. Il brave les railleries des courtisans, en quoi il n'a pas tort; il fait fi de l'estime qui s'attache aux vraies « honnêtes gens », en quoi il n'a certes point raison. Et l'on comprend qu'à remettre décidément le sort de la France en pareilles mains, le roi, qui commit des fautes mais eut toujours une grande âme, ait pu sinon hésiter, du moins songer qu'à tant de talent, il manquait ce qui peut assurer le succès : la noblesse d'un vrai désintéressement.

A l'armée, — cette lapalissade va rencontrer son immédiate justification — Villars se trouvait devant deux éléments : les soldats · et les officiers. La troupe aimait le maréchal. Peut-être le sentait-elle « peuple » comme elle ; l'essentiel était qu'elle eût confiance en lui, et elle avait confiance. Lui, savait la conduire, lui parler, lui faire prendre patience quand le pain manquait, ce qui était fréquent, et qu'il fallait pendant des semaines, des mois, — des années ! — piétiner dans une région de peu d'étendue, près des ennemis que l'heure n'était pas venue encore d'attaquer. Aux vieux soldats de ces régiments de Navarre, ou de Champagne, Royal, Isenghien, Lyonnais, Tourville, Malplaquet avait montré que l'adversaire pouvait être tenu en respect ; à leur contact, les recrues s'affermissant attendaient la victoire.

Les officiers en revanche n'aimaient pas leur chef. Celui-ci, ils le savaient, s'attribuerait d'avance tout le mérite du moindre succès et négligerait, systématiquement ou non, d'attirer sur eux l'attention du roi ; sa vanité leur semblait une ridicule enflure de parvenu ; ses ordres étaient suivis parce qu'ils émanaient non d'un personnage qui possédait leur dévouement, mais d'un maître auquel il faut obéir. On voit cependant Villars écrire : « Le Roi sait ce que j'ai toujours eu l'honneur de lui dire de M. le Comte de Broglie. Ce sont ces sortes d'officiers que Sa Majesté a intérêt d'élever, et je voudrais bien avoir l'occasion d'en louer souvent de pareils ». L'éloge est net, la recommandation précise ; mais voilà : M. le maréchal s'occupait un peu trop de lui-même pour distinguer, et signaler, autant de méri-

tes qu'il s'en manifestait sous son commandement.

Cette armée, Villars la maintenait depuis
trois ans devant les lignes de l'adversaire.
Celui-ci, maître de Mons, de Tournai, de Lille,
s'était avancé le long de l'Escaut et de son
affluent la Scarpe, il occupait Bouchain et
Douai ; de Marchiennes sur la Scarpe à Denain sur l'Escaut, il avait tracé une double
ligne de retranchements que, vendant la peau
de l'ours, il appelait le *Chemin de Paris* : orgueil qui nous semble aujourd'hui insolent,
et qui, à la veille de notre victoire, paraissait
à beaucoup près de se justifier. Il ne restait
plus en effet que deux places à prendre pour
assurer aux ennemis ce chemin de Paris qui
se fût ouvert sans obstacles devant eux : Le
Quesnoy et Landrecies.

Duc de Broglie, Maréchal de France,
par Mme Haudebourt.

Or, le 3 juillet, Le Quesnoy tombait aux mains du prince Eugène ; celui-ci allait donc concentrer ses efforts sur Landrecies. A ce moment pourtant, un facteur nouveau intervenait en notre faveur : la reine Anne, qui régnait en Angleterre, mettait en disgrâce — pour des raisons trop longues à exposer ici — lord Malborough, par suite lord Malborough, le grand général qui était contre nous le plus précieux allié du prince Eugène, et avec Malborough le parti de la guerre. On estimait à Versailles que l'Angleterre allait incliner vers la paix, et c'est pourquoi Villars recevait de Voysin, le ministre de la guerre, des instructions l'engageant à n'entreprendre aucune action précipitée avant que l'on eut décidé la cour de Londres à affaiblir singulièrement nos ennemis en retirant ses troupes.

Cette défection se produit en effet, le 12 juillet ; mais le prince Eugène est encore à la tête de 400 unités, soit 276 escadrons et 124 bataillons. C'est, à fort peu de chose près, ce que nous avons nous-mêmes. Il a fait de Marchiennes son centre de ravitaillement, et naturellement ne peut en être coupé sans exposer par là-même son armée à la famine, donc à la retraite. Mais Marchiennes est assez éloigné de Landrecies qui, nous venons de le voir, était désormais son objectif immédiat. Par suite, forcément, il devait allonger ses forces sur une ligne relativement très étendue, et en effet il les avait partagées en trois tronçons également importants par le rôle qui revenait à chacun d'eux sinon par le nombre : à l'Est, autour de Landrecies qu'il s'agissait de prendre, 30 escadrons et 34 bataillons, sous les ordres du prince d'Anhalt-Dessau. Au centre, le camp d'Eugène lui-même, garni de la grande majorité des troupes : plus de 200 escadrons et 67 bataillons ; enfin, à l'Ouest, dominant Denain, sur la rive gauche de l'Escaut et protégeant la ligne capitale de retranchements abritant les vivres rassemblés à Marchiennes, 23 escadrons et 10 bataillons commandés par un Hollandais distingué, Arnold-Joost Vankeppel, comte d'Albemarle, chevalier de la Jarretière, gouverneur de Tournai. Surprendre Albemarle, disperser ses troupes relativement peu considérables, c'est assurer la défaite du prince Eugène, et c'est l'idée, très simple en soi, de la bataille, on pourrait dire de la surprise, de Denain.

Très simple en soi : je veux dire que vous pouvez aisément la comprendre, ainsi réduite à sa plus simple expression ; mais la réalité

totale était infiniment plus complexe, et le
mérite du vainqueur fut considérable, justement parce que la difficulté était grande. Si
grande, que ce vainqueur est arrivé à être
triple : au lendemain même de la bataille,
Villars était salué par tous de ce nom ; mais
Saint-Simon dans ses Mémoires, toujours hos-
tile au maréchal, fait de Montesquiou le véritable inspirateur de la journée. Enfin, voici
une dizaines d'années, alors que les savants
travaux de M. le Marquis de Vogüé parais-
saient inébranlables, un lieutenant [1] de remarquable érudition et d'indiscutable bonne
foi, publiant des documents inédits, mettait
en vigoureux relief la physionomie jusqu'à lui
restée au second plan d'un conseiller au parlement de Flandre, Lefebvre d'Orval, mili-

---

1. Lieutenant Sautai : *La manœuvre de Denain.*

taire amateur, pourrais-je dire, et cependant présenté comme le conseiller fréquent du ministre de la guerre, voire du maréchal de Villars. M. le Marquis de Vogüé, dans *le Correspondant* du 25 juin 1903 mit les choses au point. Mais vous doutiez-vous qu'une victoire si éclatante, et qui aurait dû être très-vite connue dans ses moindres détails, a pu occasionner de telles recherches ; susciter, si courtoises fussent-elles, de telles contradictions ? Entrons donc, sachant maintenant ce qu'il en coûte d'efforts pour les établir, dans les détails de cette audacieuse, et admirable opération.

CHAPITRE V

Homme de robe, ou de guerre ?

Le 27 mai 1712, Lefebvre d'Orval écrivait de Cambrai au ministre de la guerre :

« Je me donne l'honneur de vous informer de l'état de choses depuis hier et d'une idée qui me paraît propre à étourdir les ennemis tout d'un coup sans rien risquer et en se mettant, au contraire, à l'abri de toutes insultes. Je pense que ce projet s'attirerait bien de la considération si le général le recevait de vous, car, venant d'un homme de robe, ce ne serait pas la même chose... Ce serait en passant la

Sensée, pour se camper depuis Valenciennes jusqu'à Arras... On pourrait se servir de la garnison qui est à Valenciennes, aussi bien que de celle de Condé, ce qui ne serait pas d'un petit secours. Tout ce qu'il y aurait à Marchiennes, à Hasnon, à Saint-Amand, sur la Scarpe et sur l'Escaut, serait pris. Les ennemis ne pourraient tirer leurs munitions et leurs subsistances que de Mons... »

M. Sautai, qui a publié cette lettre — entre bien d'autres documents retrouvés par sa diligente sagacité — la juge ainsi : « Telle apparaît, exposée pour la première fois dans ce mémoire de Lefebvre d'Orval, l'idée mère du projet de Denain. Que l'on consulte en effet la correspondance du ministre, des maréchaux et de tous les officiers de notre armée de Flandre jusqu'à cette date du 27 mai 1712, on n'y rencontrera pas la moindre allusion à la ma-

nœuvre que propose le conseiller au Parlement de Flandre. Sous son inspiration, elle se
dessine déjà, largement et nettement conçue,
non point comme une diversion utile mais
comme une opération décisive, comme le but
que notre armée doit s'efforcer d'atteindre. Il
veut qu'en raison de son importance, son projet soit transmis au général de notre armée
de Flandre par l'intermédiaire et avec l'appui
du ministre lui-même... »

En ce cas, allez-vous dire, Villars ne fut
qu'un petit garçon. Le grand homme de guerre
fut l'homme de robe, ce Lefebvre d'Orval. Et
voilà piquée votre curiosité. Quel était donc ce
personnage? Son père était brasseur et éche-
vin de la petite ville de la Bassée. Il avait
acheté la charge de commissaire aux revues
des troupes du roi; son fils, ayant fait son
droit, s'était épris en l'accompagnant de cho-

ses militaires. Conseiller au Parlement de Flandre, Lefebvre d'Orval, en 1709, avait très habilement assuré la subsistance de Tournai, héroïquement défendu par son gouverneur, le marquis de Surville. Envoyé par ce dernier auprès de Villars puis à la Cour, pour rendre compte du siège, il avait reçu de Louis XIV, avec le plus favorable accueil, 20.000 livres — qui feraient 80 à 100.000 francs aujourd'hui — de récompense et 1.000 livres de rentes. C'est que, depuis trois ans déjà, « avec l'agrément du ministre de la guerre, il avait organisé un centre de renseignements et d'espionnage supérieur aux sources d'information que possédaient nos généraux et nos intendants sur la frontière. Connaissant à merveille la contrée, possédant de nombreuses relations aux Pays-Bas et à l'étranger, il était en mesure d'être sûrement et rapidement renseigné... » Ardent patriote, il ignorait le découragement, et après tant de malheur, écrivait en 1710 ces lignes réconfortantes.

« J'ai fait examiner leurs troupes (aux enne-mis). Tout bien pris, leurs chevaux et leurs habits à part, les troupes du Roi valent mieux. Un peu d'argent, beaucoup d'exercices et aller aux ennemis la baïonnette au fusil, on les battra partout, mais il ne faut pas marchan-der, ni s'amuser à tirer. »

C'est la tactique de l'offensive, si conforme en effet au tempérament français ; on ne sau-rait trop louer M. Sautai d'avoir mis en évi-dence cette noble foi dans les ressources de nos armées.

Mais Lefebvre d'Orval, patriote ardent et élevé, informateur de premier ordre, est-il aussi le tacticien de génie que signale son

apologiste? Il est permis d'en douter. Au
27 mai, quand le conseiller au parlement ex-
posait au ministre son projet, la situation n'é-
tait pas encore celle du 23 juillet : exécutée
à la première date, l'opération prônée eût
vraisemblablement abouti à un irréparable
désastre. A ce moment en effet, le prince Eugène n'avait pas encore pris Le Quesnoy : il
s'en fallait même de 37 jours pour qu'il y par-
vînt. Il n'avait donc pas à s'étendre jusqu'à
Landrecies, et par conséquent il pouvait beaucoup plus vite qu'en juillet ramener rapidement le gros de ses forces sur l'Escaut. Le
mieux ici est de laisser la parole à M. de
Vogüé :

« Il (Villars) eut bientôt reconnu que l'opération était impraticable : il n'est pas nécessaire d'avoir son génie pour le comprendre ;
le simple bon sens suffit à démontrer que le

grand mouvement tournant rêvé par Lefèvre d'Orval entre Arras et Valenciennes était impossible à exécuter devant toute l'armée d'Eugène massée entre Denain et Le Quesnoy.

« Averti du mouvement, à peine commencé, Eugène pouvait, en quelques heures, faire rentrer dans les lignes de Denain assez de troupes pour les mettre absolument à l'abri de toute attaque de vive force, et avec le reste de son armée il pouvait, débouchant par Bouchain, faire sur les derrières ou sur le flanc de la longue ligne française, des entreprises extrêmement dangereuses. Bloquée dans un quadrilatère de places fortes, sans ligne de retraite, l'armée française eût été dans une impasse sans issue, exposée aux plus graves périls. « Si je marche entier, écrivait Villars à Voysin le 14 juin, les retranchements ennemis sont préparés entre l'Escaut et la Scarpe, et le prince Eugène les tiendra devant moi, quelque supérieur que je sois ; si je me sépare, il ne balancera pas un moment à attaquer une moitié. » Le raisonnement était irréfutable... [1] »

Certes !

1. *Le Correspondant* du 25 juin 1903 : « Le véritable vainqueur de Denain », par M. le Marquis de Vogüé.

CHAPITRE VI

« Le projet de Denain. »

Après la chute du Quesnoy, au contraire,
le projet de Lefebvre d'Orval va entrer dans
le domaine des possibilités. Le prince Eugène
considérait à juste titre la prise de Landrecies
comme le suprême effort à réaliser pour s'ou-
vrir définitivement le chemin de Paris ; aussitôt donc que Le Quesnoy était tombé entre
ses mains, il avait pensé au siège de notre
dernier rempart. Tandis que les ordres venus
de Versailles, bien plus que la volonté personnelle du maréchal, retenaient ce dernier dans

l'inaction — on attendait toujours que les Anglais se décidassent à la suspension d'armes — Eugène travaillait à conserver auprès de lui les Prussiens, les Saxons, les Danois jusqu'alors payés par l'Angleterre. Il y parvint, et le 17 juillet investit Landrécies.

Des ordres alors arrivent de la Cour, tout juste contraires à ceux que Villars avait reçus jusqu'ici : le temps de l'inaction est passé ; il faut à tout prix sauver Landrecies, en repousser l'armée du prince Eugène. La veille de l'investissement, le 16, Lefebvre d'Orval revient dans une lettre à Voysin à son plan d'une attaque sur la droite de l'ennemi : « On pourrait jeter des ponts sur l'Escaut entre Bouchain et Denain, supposant que les ennemis ne s'y opposent pas, et passer cette rivière la nuit pour enfoncer milord Albemarle, pen-

dant qu'on amuserait le prince Eugène. »
(Sautai)

Le 17, Landrecies est investi.

Le 18, Villars tient un conseil de guerre :
nul ne parle de marcher sur Denain. Le maréchal y pense-t-il toujours ? Cela est fort
possible, très probable même. Sans parler des
plans de Lefebvre d'Orval que le ministre lui
a recommandés à plusieurs reprises, les renseignements qu'il a reçus soit de Lefebvre soit
de son propre service d'information, ont pu
depuis longtemps lui montrer que cette ligne de retranchement, Marchiennes-Escaut,
était mal gardée par l'ennemi. Encore fallait-
il y atteindre ; et jusqu'ici le prince Eugène,
avec le gros de ses forces en était trop près.

D'autre part, il fallait débloquer Landrecies :
on allait voir du côté de cette place quels es-
poirs étaient permis. Le conseil de guerre dé-

Eugène-François, Prince de Savoye,
Généralissime des Armées de l'Empereur.
Estampe ancienne.

cide donc de « se mettre en marche tout au plus tôt, passer l'Escaut entre Crèvecœur et le Câtelet, marcher vers les sources de la Selle et de là à la Sambre sur Catillon au tout au moins l'abbaye de Fesmy, afin de reconnaître par soi-même les meilleurs partis que l'on pourra prendre pour secourir Landrecies. »

En conséquence, dès le 19, l'armée entière se portait vers l'Est; le 20, le quartier général était à Cateau-Cambrésis. Et voici que le 21, Villars revenait au projet sur Denain ! Comment cela ?

Simplement, semble-t-il, parce qu'il ne l'a jamais abandonné, se réservant d'y revenir dès qu'il serait possible. Or son mouvement général vers l'Est y a également entraîné le prince Eugène : celui-ci, se rapprochant en force vers Landrecies, s'écarte de Denain; tout

aussitôt, Villars de viser Denain. Contre Albemarle isolé, une partie de nos troupes seulement suffira, sans crainte d'être assaillie désormais par des masses écrasantes : le prince
de Tingry qui tient bon au Nord, dans Valenciennes, pourra par une heureuse sortie, aider
à l'infanterie de M. de Vieuxpont et à la cavalerie de M. de Broglie, les deux lieutenants
généraux auxquels le maréchal va confier
l'entreprise.

« Je compte donc faire demain (qui aurait
été le 22) toutes les démarches qui pourraient
persuader l'ennemi que je veux passer la Sambre, et je tâcherai d'exécuter le projet de Denain, qui serait d'une grande utilité. S'il ne
réussit pas, nous irons par la Sambre. »

Cela paraît très net. « Le projet de Denain »
reste présent à la pensée du général. S'il réus-

sit, il sera « d'une grande utilité. » Mais
vaut-il qu'on y risque toutes nos forces, c'est-
à-dire *la dernière ressource* de la France?
Peut-être oui, peut-être non : oui, si l'ennemi
est installé autour de Landrecies de telle sorte
que nous ne l'en puissions déloger autrement
qu'en lui coupant ainsi les vivres; non, si
l'on peut à la fois prendre Denain et garder
le gros de nos troupes devant l'adversaire,
autant pour le tromper que pour le tenir en
respect.

Mais en voici bien d'une autre ! Le prince
de Tingry, prévenu, a envoyé aussitôt un rapport nettement défavorable. On ne saurait le
suspecter de timidité. A l'entrain de Villars,
il joignait l'éclat d'un nom qui était resté populaire dans l'armée; car il était le quatrième
fils de Luxembourg. Il avait été fait lieutenant-
général à la suite d'un exploit peu ordinaire:

quatre ans plus tôt, comme Lille était inves-
tie par les Impériaux, il y était entré cependant, et non pas seul, mais à la tête d'un
convoi d'armes et de poudre porté par 1500 ca-
valiers !

Tingry donc, si brave qu'il fût, jugeait le
projet extrêmement périlleux. Le marquis de
Vieuxpont, cet homme pâle dont le visage ne
devenait rouge et gai qu'au moment de la bataille, et le comte de Broglie, dont nous avons
vu le bel éloge que faisait Villars, ayant lu le
rapport de Tingry, se rangeaient à son avis.
Assurément, qu'on commandât à tous ces bra-
ves, ils obéiraient. Mais convenait-il d'engager
dans l'accomplissement d'un dessein aussi dé-
licat des chefs à qui manquerait la foi ?... C'est
pourquoi, le **22**, Villars écrivait à Voysin :
« Ces deux messieurs ont jugé l'entreprise impossible. J'en suis très fâché, mais, quand

ceux-là refusent, je n'irai pas offrir cette commission à d'autres. Cette affaire ne pouvant s'exécuter, j'ai marché sur la Sambre... »

CHAPITRE VII

Marche de nuit.

Le **22** en effet, l'armée a employé l'après-midi à changer de position. La voici maintenant, entre Mazinghien et Cateau-Cambrésis, massée en quatre lignes sur la rive *gauche* de la Sambre, mais prête, en apparence, à passer sur la rive droite. Point de ponts : l'ennemi les a coupés. Heureusement, la rivière n'est pas large, et des bois sont proches : il sera facile d'en construire. En attendant, le maréchal franchit en barque le cours d'eau, et inspecte les abords de la place. Le lendemain matin 23, entouré cette fois de plusieurs hauts officiers, il renouvelle cette inspection. Elle est concluante. Landrecies est déjà entourée, par les Impériaux, de travaux qui ne manqueront pas d'arrêter notre élan ; notre succès sera pénible, en admettant qu'il soit.

Villars pourtant ne montre en rien que ce spectacle ait modifié une fois encore son plan. Il réunit son collègue le maréchal de Montesquiou, et ses officiers d'état-major. — *du détail*, comme on disait en ce temps : — Puységur, son maréchal général des logis; Contades, major général; Beaujeu, Bongars et Monteviel. Le petit groupe se sépare après un entretien animé, sans que rien transpire des décisions prises. On est alors dans l'après-midi du 23. L'armée reçoit seulement l'ordre de se tenir prête ; elle est convaincue qu'on va de nuit lui faire passer la Sambre, et la jeter contre les troupes du prince d'Anhalt-

Dessau, qui investissent Landrecies. Elle est joyeuse, prête à se battre et décidée à vaincre. Vers le soir, elle voit M. de Coigny, à la tête de trente escadrons, franchir les ponts ; mais l'ennemi aussi aperçoit le déploiement de cette belle cavalerie ; il prend les armes, et jusqu'au matin restera en observation.

Cependant, l'obscurité s'est épaissie, aussi complète qu'elle peut l'être par une sereine nuit de juillet, c'est-à-dire relative. Elle suffit du moins largement pour dissimuler à nos adversaires le mouvement que nous avons entrepris : nous avons devant nous la Sambre, derrière nous un affluent de l'Escaut, la Selle. A dix heures, l'ordre de marche est donné... Avec une stupéfaction, une colère qu'elles ne cherchent pas même à dissimuler, nos troupes constatent qu'on les dirige sur la Selle, c'est-

Marquis de Puységur, Maréchal de France,
par Latil.

à-dire tournant le dos à l'ennemi. Quoi ! pen-
sent-elles ; c'est la retraite encore, l'attitude
molle, sans gloire, sans avantage, devant un
adversaire qui chaque jour apprend à nous
mépriser un peu plus !... Les officiers sont
aussi mécontents que leurs hommes. Un instant même, on peut se demander si quelque
refus d'obéissance ne va pas se produire, qui
serait à la fois déplorable et désastreux. Mais
non. Malgré leur irritation, tous se soumet-
tent, marchent bientôt silencieux. découragés.

Or, à mesure qu'ils avancent, ils commen-
cent à s'apercevoir que cette manœuvre noc-
turne n'est pas une retraite ; que bien loin
de gagner Cateau-Cambrésis, ils remontent
maintenant vers le nord, vers le confluent de
cette rivière *la Selle* qu'ils ont maudite et de
l'Escaut. De bataillon en bataillon, la nou-

velle se répand que l'objectif désiré est Denain. Tous alors comprennent quelle fortune
glorieuse le chef leur a réservée. Au lieu de
rétrograder, ils vont surprendre l'ennemi ;
d'une défensive prolongée, ils passent enfin à
l'offensive. Ils comprennent aussi que le succès du prochain combat dépend de leur cé-
lérité actuelle : s'ils arrivent trop tard au
point fixé par le maréchal, le sort de la bataille est compromis, changé peut-être. Et ils
continuent leur longue étape — 8 lieues —
avec autant d'allégresse qu'ils ont apporté de
tristesse à l'entreprendre.

C'est bien la décision que Villars a enfin
prise. *Le projet de Denain* s'exécute ; non pas
morcelé, mais entraînant l'armée entière.
Pour être sûr que l'ennemi n'en sera pas
prévenu, il n'a communiqué son plan qu'aux

quelques officiers dont nous avons tout-à-
l'heure vu les noms. Vieuxpont et Broglie sont
aussi au courant. C'est à eux que va incom-
ber l'attaque ; ce sont leurs troupes, infanterie et cavalerie, qui forment l'avant-garde.
Cette avant-garde compte atteindre au petit
jour l'Escaut, un peu au sud de Denain, à la
hauteur d'un petit village : Neuville. Mais
divers incidents retardent un peu la marche :
la médiocrité des attelages, l'ivresse — plutôt
inopportune ! — du chef des guides : ce sont
des paysans qui nous conduisent. A sept heures seulement, nous sommes au bord du
fleuve : MM. de Villars et de Montesquiou y
sont arrivés en chaise de poste ; en hâte mais
solidement, les charpentiers de l'armée sont
occupés à jeter deux ponts. Il fait jour depuis longtemps ; il ne faudrait pas que nous
fussions surpris !...

CHAPITRE VIII

Notre victime : Milord Albemarle.

Heureusement, les ennemis ne s'occupent
pas plus de nous que si nous n'avions pas
existé. Seul veille le prince d'Anhalt-Dessau...
sous les murs de Landrecies ; il ne se doute
pas que nous n'avons nul souci de l'inquiéter,
et qu'après s'être clairement montré, M. de
Coigny a discrètement repassé la Sambre et
forme, en route sur Denain, l'arrière-garde
de notre armée.

Quant à milord Albemarle, dont le camp
est le but de notre expédition, il a dormi du

sommeil du juste. Peut-être dort-il encore. Les
chevaux de sa cavalerie paissent en toute tran-
quillité, entre le camp et le fleuve. Mais il ne
le faudrait pas prendre pour un incapable, ou
pour un sot. Il fut trompé comme tous ceux
de son parti le furent ; le rapport qu'il adressa
aux Etats Généraux des Pays-Bas, et dont
M. Sautai a tiré en le publiant à nouveau les
meilleurs fruits, est d'une netteté et d'une vie
remarquables. Il explique d'abord comment
nos manœuvres vers et sur la Sambre « sous
le masque de faire lever le siège de Landrecies », devaient induire nos adversaires, —
lui-même Albemarle avec les autres — en erreur. Et il poursuit :

« Comme j'en étais informé dans la suite,
les ennemis avaient détaché le soir [du 23]
le marquis de Vieuxpont avec 30 bataillons,
les pontons et une brigade de cavalerie, ainsi

que 20 bataillons et 40 escadrons en soutien avec le lieutenant général d'Albergotti ; après quoi toute l'armée suivait, dont en avait envoyé les gros bagages à Saint-Quentin et à Ham. La marche de l'infanterie était couverte par la cavalerie du corps de réserve du comte de Broglie, composée de 40 escadrons qui s'attachèrent surtout à ce que personne ne pût passer la Selle pour nous donner des nouvelles. Dans cet ordre, l'ennemi marcha toute la nuit par les plaines entre l'Escaut et la Selle jusqu'à l'Escaut au-dessous de Bouchain, où, la tête étant parvenue avec le jour, les ponts furent aussitôt jetés pour passer au-delà de la rivière ».

On le voit, Albemarle a pénétré admirablement notre manœuvre. Trop tard, malheureusement pour lui : alors qu'il était vaincu et prisonnier. La manière dont il fut surpris montre avec quelle magnifique habileté Villars avait fixé le plan de son opération, et aussi quelle non moins belle précision, quel impeccable dévouement les officiers placés sous ses ordres apportèrent à les exécuter.

« Bien que j'eusse continuellement différents espions en campagne, continue Albemarle, pour observer les mouvements entre les dites rivières, *je ne reçus pas la moindre nouvelle de la marche des ennemis*, apparemment que c es espions furent arrêtés et fait prisonniers, ou qu'ils ne purent franchir les rivières en raison du grand nombre des partis ennemis. Je ne reçus également le moindre avis de Bouchain, bien que les ponts fussent jetés non loin de là, à Neuville, et que j'eusse établi et entretenu jusqu'alors une correspondance régulière avec cette ville dont je recevais aussi journellement des nouvelles... Ce ne fut

qu'entre sept et huit heures du matin que je
fus averti par le général-major Bothmar, qui
était de jour et visitait le camp, que l'ennemi
se montrait sur la hauteur d'Avesnes-le-Sec.
J'en donnai aussitôt connaissance au prince
de Savoie [le prince Eugène] qui me fit dire
qu'il me rejoindrait de sa personne sur-le-
champ, comme il l'exécuta aussi dans la suite,
et je fis au même instant le signal concerté
de six coups de canon, tant pour avertir la
grande armée, les postes de Marchiennes, de
Bouchain et de Saint-Amand, que pour rappeler les chevaux de la cavalerie qui étaient
à la pâture (aussi bien que ceux de la grande
armée...) »

Cette parenthèse : aussi bien que ceux de la
grande armée, » est délicieuse. Albemarle sent
très bien comment c'est là, si j'ose dire, que

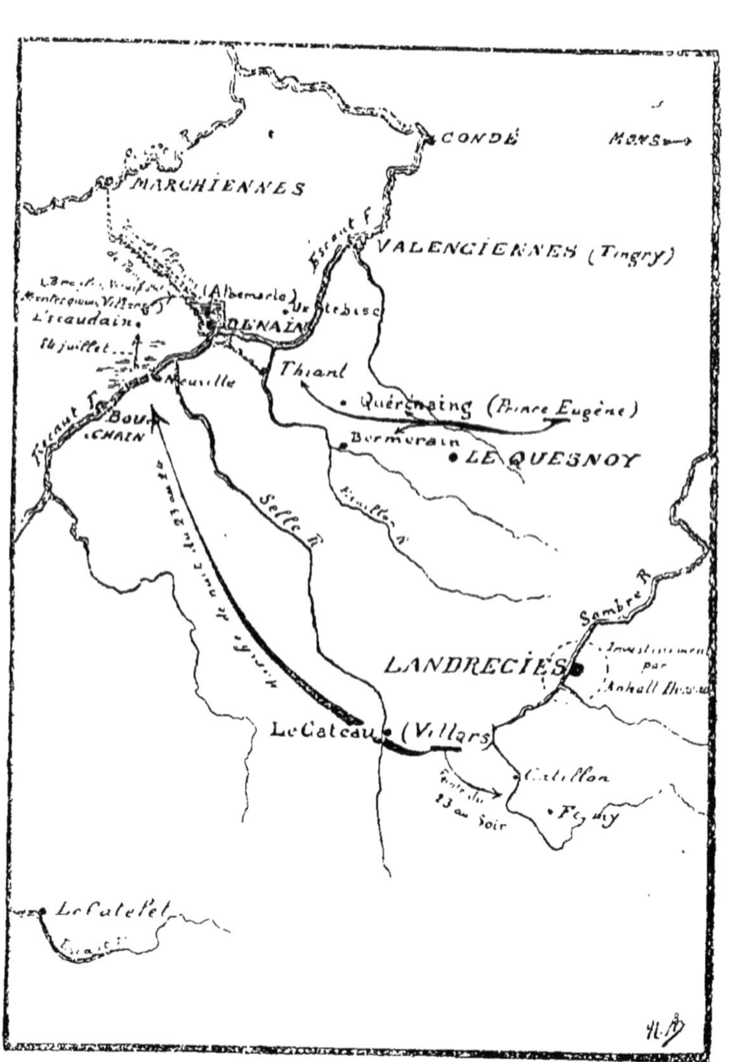

Plan de Denain.

le bât le blesse. Envoyer ses chevaux à la pâture quand l'ennemi — il le prouvera ! — peut
surgir d'un instant à l'autre, c'est de l'incurie, une incurie grave. Les envieux, qui se
relèveront nombreux, naturellement, après
la défaite, pourraient exploiter cette défail-
lance, provoquer la ruine de sa réputation.
Albemarle n'invoque pas pour sa défense Ma-
rathon, où les Perses faisaient pâturer leurs
chevaux entre les bois de pins et un marécage, au grand risque, s'ils étaient surpris,
de ne pouvoir même les rembarquer. Et il a
raison. Beaucoup plus habilement, et malgré sa volonté très visible de ne pas « char-
ger » son général, il se range modestement,
en la circonstance, sous ses ordres : ce que
faisait le prince Eugène, n'était-il pas, lui
aussi, fondé à le faire ?

Il est très vrai que la négligence de ce dernier causa seule la perte des Impériaux ; Albemarle ne saurait être responsable d'une action où il ne put que sauver son propre honneur, ce qu'il fit. Une lettre du Comte Dauger, major de la gendarmerie commente très heureusement l'erreur surprenante du général en chef ennemi :

« Franchement, le prince Eugène doit être fort mortifié, car il y a infiniment de sa faute dans ce qui est arrivé, et je le croirais un capitaine tout des plus médiocres depuis que j'ai vu l'arrangement de ses troupes et la conduite qu'il a tenue dans l'affaire en question, si l'aveuglement que lui causaient ses heureux succès, et peut-être la mauvaise opinion qu'il avait de nous, ne le justifiaient d'une certaine façon.

« Il est constant, Monseigneur, [la lettre est
adressée au duc du Maine] qu'il y a beaucoup
de témérité à entreprendre un siège dans un
pays aussi avancé que l'est Landrecies sans
avoir mieux placé ses dépôts de munitions de
guerre et de bouche qu'ils ne le sont ; car ayez
la bonté de remarquer que les retranchements
de Denain ne valent ce qui s'appelle rien ; et
je fais sur cela une remarque, c'est que la
bonne fortune rend les gens inattentifs et pa-
resseux, et que nous faisons trop d'honneur à
nos ennemis quand nous nous figurons qu'ils
ne manquent jamais à rien et prennent toujours de meilleures précautions que nous... »

Voilà qui est fort joliment dit, et qui pourrait s'appliquer à 1913 comme à 1712.

Que le prince Eugène fût ou non « un
étourdi », il est certain qu'alors il se trompa
singulièrement en nous croyant à bout de res-

sources et d'énergie. Au moment où nous avons laissé les charpentiers de l'armée jetant les ponts sur l'Escaut, Eugène, informé de notre mouvement, a gravi à cheval, avec une escorte, une éminence d'où il peut nous apercevoir. Il distingue nos troupes qui arrivent et se massent sur la rive droite du fleuve. Mais par un aveuglement inconcevable, il ne veut pas croire que nous traverserons, que nous oserons attaquer ses retranchements. « Allons dîner, » est sa conclusion. Le fanfaron n'est pas Villars, comme il le croit ; c'est lui. Tandis qu'il dîne, nous achevons les ponts, nous passons sur la rive gauche. Le comte de Broglie, à la tête de sa cavalerie se dirige droit sur la ligne des retranchements Marchiennes-Denain, appelée par les Impériaux, comme on l'a vu, le Chemin de Paris. Albemarle fait de son mieux pour nous arrêter. Du côté de

Valenciennes, il place en observation sept escadrons sous le général-major comte de Croix ;
lui-même décrit ainsi son rôle :

« Je marchai avec les 16 autres escadrons
dans la plaine, à gauche du retranchement,
avec l'intention de disputer aux ennemis le
passage du fleuve à Neuville, ne sachant pas
qu'ils avaient déjà jeté leurs ponts, et que
les troupes les passaient déjà : ils étaient
dans un fond, et nous ne pouvions les apercevoir à cause d'une grande hauteur qui nous
en séparait. Je fis sur ces entrefaites poster
l'infanterie le long du retranchement par le
lieutenant général comte de Dohna et par les
autres généraux ; mais, aussitôt que je me fus
avancé jusque sur la hauteur avec la tête de
la cavalerie, je remarquai qu'une grande
partie de l'armée ennemie, infanterie et cavalerie entremêlées, était déjà au-delà de

l'Escaut, qu'ils s'étendaient dans la plaine le long d'Escaudain, et qu'ainsi il n'était plus possible de les tâter... »

CHAPITRE IX

Dans les marais de l'Escaut.

Il était trop tard en effet. Le Comte de Broglie avec sa cavalerie avait déjà franchi le fleuve, et c'étaient ses escadrons que lord Albemarle voyait d'une hauteur se diriger sur le village d'Escaudain, c'est-à-dire en droite ligne sur les retranchements. Et il débute par un heureux coup de main. Ces retranchements, on le sait, protègent les convois de munitions qui sont acheminés de Marchiennes — où ils arrivent en abondance de Flandre et de Hollande par voie fluviale — vers les différents corps de l'armée ennemie espacés entre Denain et Landrecies.

De Broglie franchit le retranchement, et à peine en est-il maître qu'arrivent cinq cents chariots de pain mal escortés par deux bataillons d'Impériaux. Disperser l'escorte est un jeu, s'emparer de ce qu'elle devait protéger en est un autre, non moins agréable. Encouragés par cette aventure, nos escadrons s'installent solidement, interceptent toute communication entre Marchiennes et Denain, et permettent à l'infanterie de prendre pied à son tour.

Celle-ci, dont les premières colonnes ont passé les ponts en se mêlant à la cavalerie, a eu ensuite plus de peine à avancer. Sur la rive gauche de l'Escaut, en effet, le terrain est extrêmement mou, marécageux, et seule la chaussée de Bouchain à Denain présente la

consistance nécessaire à une marche normale.
Sur cette chaussée, les trois régiments —
Champagne, Isenghien, Guyenne — formant
la brigade Champagne se sont engagés. Il
semble que les autres unités doivent suivre ;
mais si l'on procède ainsi, la marche va être
beaucoup trop lente ; il faut aller plus vite :
résolument, avec une émulation joyeuse, les
trois régiments de la brigade Navarre — Navarre, Gensac, Deslandes — pénètrent dans
le marais, et plongés dans la boue jusqu'aux
genoux, avec des rires, des cris, des vivats,
tâchent à se maintenir à la hauteur de Champagne. A leur tête, pataugeant fièrement, sur
un magnifique cheval, un officier les exhorte,
les entraîne de l'exemple et de la voix. Il n'a
pas d'épée à la main, mais une sorte de ba-
guette, un bâton de commandement, et les
soldats l'acclament en le suivant avec enthou-

siasme, car c'est M. le maréchal de Villars.

Voilà comment il s'est rendu d'abord aux retranchements de Denain. Cette vision, semble-t-il, vaut celle d'un héros de fantaisie, sur fonds bleu des Flandres, émergeant des seigles. Un dicton populaire affirme, avec la solennelle bêtise de la plupart de ces sentences : il n'y a que la boue qui tache. Au propre, la boue des marais de Denain pouvait rejaillir sur les bottes et jusque sur l'habit brodé de M. de Villars, jusqu'à son chapeau même ; il n'en était que plus glorieux.

Dans quel état aussi Navarre sortit du marécage, je vous le laisse à penser. Depuis tant d'années que se faisait la guerre, les uniformes sans doute étaient singulièrement défraîchis. n'étant remplacés que rarement et sans régularité ; dans l'ensemble pourtant, les

hommes avaient le justaucorps, gris-blanc
ou blanc pour les troupes françaises, bleu
pour les mercenaires allemands, rouge pour
les Suisses et les Irlandais. Vous savez ce que
c'était qu'un justaucorps : une sorte de tuni-
que serrée au buste et retombant plus large,
« en jupe » jusqu'aux genoux. La cavalerie en
avait relevé les pans de devant et de derrière,
qui la gênaient pour se mouvoir aisément à
cheval ; l'infanterie bientôt avait apprécié
pour elle-même cette modification, et l'avait
uniformément adoptée : en réunissant par
une agrafe les pans relevés de devant et de
derrière elle avait obtenu un modèle qui sub-
sista jusqu'à l'Ancien Régime — et au-delà —
— sous le nom connu dans toute l'Europe
d'habit à la française. Au moment de Denain,
ce justaucorps n'avait encore ni collet mon-
tant, ni revers. Les manches en étaient re-

troussées en parements dont la couleur variait avec les régiments, et qui, s'évasant sur le bras, étaient dits « en botte ». Peu à peu ces parements diminuèrent, et ce fut regrettable ; car en hiver on les rabattait, et ils formaient d'excellents abris contre les morsures du froid pour les mains.

Sous le justaucorps, le fantassin portait « la veste », qui correspondait — mais tombant beaucoup plus bas — à notre gilet. Elle croisait sur la poitrine, et apparaissait dans l'ouverture du justaucorps. Aussi servait-elle à distinguer les différentes unités, et bleue ici était rouge là, blanche ou verte ailleurs. Faut-il vous dire encore que les chapeaux, à galon jaune ou blanc, avaient tous la forme tricorne, et tous la cocarde noire ? que les culottes — dont les couleurs variaient aussi — n'étaient pas doublées ? Si bien que les

décrets ministériels, dans leur sollicitude, y
avaient joint un caleçon de toile, lequel, aux
marais de l'Escaut, dut absorber quelque hu-
midité ! Les jambes enfin étaient couvertes de
la guêtre — de laine en hiver, de toile en été
— guêtre blanche : naturellement. blanche
quand on ne barbotait pas, par héroïsme autant que par ordre.

Vous pouvez maintenant, me semble-t-il,
apercevoir toutes ces vaillantes troupes mar-
chant à la bataille. Justement, Navarre dans
le marais, Champagne sur la chaussée, ont
des uniformes presque entièrement semblables : seule, pour un œil inexpérimenté, la
veste permet de les discerner à quelque dis-
tance : au régiment de Champagne elle est
rouge, au régiment de Navarre elle est blanche. Mais l'un et l'autre ont le justaucorps

gris-blanc, au collet et aux parements de manches gris-blanc ; l'un et l'autre ont la culotte blanche ou presque : elle est gris-blanc au régiment de Navarre ; l'un et l'autre ont un galon jaune au chapeau, parce que les boutons de l'habit sont de métal jaune. Hormis la veste, ne verrez-vous donc aucune différence ? — C'est que vous n'êtes pas du métier. Un militaire — et un tailleur, voire, une dame : les dames sont plus fortes que nous aux détails de toilette — aurait tout de suite constaté que le justaucorps de Champagne a les poches en long, tandis que celui de Navarre les a en travers ; bien plus, les poches de Champagne sont à six boutons ; celles de Navarre en ont sept.

M. le maréchal de Montesquiou s'est porté auprès du marquis de Vieuxpont, dans les re-

Montesquiou d'Artagnan, Maréchal de France,
par BRESSON.

tranchements que nous venons d'envahir.
C'est ce que nous appellerions aujourd'hui un
« spécialiste » de l'infanterie. Cadet de Gas-
cogne et sans fortune — il disait que s'il avait
eu à vingt ans 500 livres de rentes il ne serait
jamais devenu maréchal de France — il a fait
dans cette arme toute sa carrière ; il a puis-
samment aidé Louvois à la réorganiser ; il la
manie avec une dextérité et une sûreté sans
égales. Il préside donc en personne, ici, à la
mise en ligne de nos hardis « piétons », qu'il
dispose en colonnes à mesure qu'ils arrivent.
Villars, ayant de la façon que nous avons vu
donné le branle, se reporte en arrière, aux
ponts de Neuville. Là en effet, bien plutôt qu'à
Denain, est la clé de la journé ; là est le péril.
Les forces de lord Albemarle ne sauraient
l'inquiéter : Broglie n'a pas eu de peine à en
repousser dès le début de la journée la cava-

lerie, et les bataillons d'infanterie trop peu nombreux, auront grand'peine à soutenir dans le camp notre assaut. En revanche, que fait le prince Eugène? Si par hasard le gros de son armée pouvait arriver d'ici peu sur l'Escaut, nous serions dans la posture la plus fâcheuse : un tiers de nos troupes a franchi la rivière ; les deux autres tiers sont encore sur la rive droite. Ce serait le bon moment pour nous attaquer : morcelés, nous serions infailliblement repoussés, battus.

CHAPITRE X

La victoire.

A ce moment, le général en chef hésite-t-il?
Pense-t-il à modifier la manœuvre? Juge-t-il
que, malgré toute notre diligence, nous sommes arrivés trop tard sur l'Escaut, et que les
Impériaux vont avoir le temps de se jeter sur
nous, ce qu'il faut à tout prix éviter? Il semble que cette préoccupation grave, cette an-
goisse si je puis dire, ait été fort naturelle
chez celui qui portait de si lourdes responsa-
bilités. Qu'il ordonne donc aux régiments
arrivant à leur tour sur la rive droite de l'Es-

caut de marcher formés en bataille, de manière à pouvoir repousser à tout hasard une
attaque, c'est de la prudence élémentaire ;
mais qu'il ait décidé de rappeler toute l'avant-
garde et de renoncer à l'achèvement du plan
si magnifiquement commencé, c'est ce qui
nous paraît difficile à admettre.

Il craint de notre part une offensive trop
prompte ; il ne voudrait pas engager l'action
sur Denain avant d'avoir assuré le passage de
Neuville ; et c'est en ce sens qu'il ordonne à
Montesquiou de suspendre ses dispositions.
Montesquiou s'émeut à juste titre ; il revient
en arrière, accourt auprès de Villars. Les deux
maréchaux discutent avec vivacité : le sage
Montesquiou est pour l'attaque prompte ; l'ardent Villars pour le ralentissement. Et c'est
le sort de l'armée entière, celui de la France,
qui se discute en ces minutes tragiques. Mon-

tesquiou pourtant a raison. Sa témérité ici est la vraie prudence. Nous sommes certains de tout perdre en nous arrêtant ; nous avons des chances sérieuses de tout gagner en allant de l'avant. En avant donc! Villars, convaincu, donne à Montesquiou carte blanche.

Celui-ci retourne au retranchement ; des 52 bataillons dont il dispose, il en place 40 en première ligne, en 14 colonnes, et 12 en seconde ligne. Prêts à commander l'attaque, sont les lieutenants généraux de Vieuxpont, de Dreux, de Brendé, les maréchaux de camp de Mortemart, de Mouchy, d'Isenghien. Si résolu est Montesquiou qu'il va donner le signal : M. de Contades lui représente qu'il convient d'attendre M. de Villars. Le voici. MM. les maréchaux de Villars et de Montesquiou se placent sur la droite, à cheval, entourés de leurs aides de camp. L'instant est solennel. Un silence profond, une immobilité frémissante planent sur les colonnes. Soudain, d'un seul mouvement, les cinquante-deux bataillons mettent un genou en terre ; les fronts découverts s'inclinent : au moment de mourir peut-être, les soldats du roi de France font leur prière et reçoivent l'absolution.

Puis ils se relèvent. La charge résonne ; les chapeaux volent en l'air ; en lignes impeccables, les régiments se portent en avant : Vive le Roi !

Ils vont, aussi alertes que s'ils n'avaient pas fait huit lieues dans la nuit, et manœuvré depuis le matin ; aussi vigoureux que s'ils étaient soutenus par une chère abondante, aussi confiants que si cette longue guerre n'avait été qu'une suite de victoires. Ils marchent, l'arme non pas sur l'épaule comme aujourd'hui, mais portée verticalement dans le pli formé par le coude, entre le bras et l'avant-bras. Quand ils sont tout près des lignes qui défendent le camp de Denain, six pièces de canon les mitraillent, les feux de l'infanterie ennemie fauchent des lignes entières : ils n'en avancent pas moins, aussi fermes, aussi calmes. Pas le moindre flottement. Ecoutons maintenant le vaincu lui-même, Milord Albemarle. Ce qui précède fera sentir la véritable beauté du récit tout militaire, si précis et si fort, qu'il adressait aux « Hautes Puissances » de La Haye.

« ... J'avais donné de temps en temps avis des manœuvres de l'ennemi au prince de Savoie afin de recevoir ses ordres, le prince s'étant tenu jusqu'à la fin de l'autre côté de l'Escaut dans le retranchement qui couvrait le pont, d'où il pouvait tout voir, et comme, à chaque fois, il m'envoyait l'ordre de garder le poste et de soutenir le retranchement de mon mieux, je fis faire tous les préparatifs imaginables pour bien recevoir les ennemis. M'apercevant que la majeure partie de leurs forces voulait pénétrer par le milieu du retranchement, j'adressai l'ordre au comte de Dohna, au cas où l'ennemi viendrait à forcer le retranchement, de se jeter vers le centre avec son infanterie afin de les attaquer en flanc, et par cette manœuvre de les repousser. C'est ce que fit aussi dans la suite le comte de Dohna, mais sans que pareil effet pût se produire, car les ennemis, qui s'étaient approchés avec beaucoup de précipitation et en bon ordre jusque sous la mousqueterie du retranchement, en commencèrent l'attaque vigoureusement à une heure de l'après-midi. Ils furent en vérité accueillis par un feu nourri de nos gens qui tiraient par pelotons, mais les derniers de leurs colonnes ayant poussé les premiers jusque sur le parapet du retranchement qui de ce côté n'était que de pierres et de gravois, le terrain étant tout à fait pierrieux, ce parapet s'écroula de lui-même dans le moment et emplit le fossé. L'ennemi pénétra dans le retranchement et chassa notre infanterie la baïonnette au bout du fusil. Sur quoi, nos gens abandonnèrent à l'instant le retranchement et prirent la fuite vers le pont. Je fis, ainsi que les autres généraux, les derniers efforts pour rallier ceux du centre, l'aile gauche où se trouvaient le comte de Dohna et le général-major comte de Nassau-Woudenbourg (qui, dans la suite, furent noyés tous les deux) ayant été coupée par les ennemis et séparée de nous, mais tout fut inutile.

« Ce que voyant, j'avais essayé de faire avancer quelques régiments de l'aile droite vers le village de Denain pour les poster entre les maisons et l'abbaye et arrêter l'ennemi, mais, alors que je me croyais suivi, je me trouvai à peu près seul au milieu des ennemis. Comme j'étais occupé à faire une dernière tentative pour rallier devant le pont l'infanterie éparse, je fus fait prisonnier par les ennemis aussi bien que le lieutenant général baron de Secquin et les généraux-majors prince de Holstein, Dalberg et Zobel. Le prince de Savoie avait cependant fait avancer 14 bataillons de ses troupes jusque sur le bord de l'Escaut, où ils demeurèrent rangés sans pouvoir passer de l'autre côté du fleuve, car le seul pont de pontons qui nous restait... était embarrassé par la cavalerie et les bagages et avait fini par se rompre... »

D'Albemarle s'étant rendu à un capitaine du régiment Lyonnais, ses troupes noyées ou prises, la victoire nous restait, entière et définitive, à l'instant où arrivaient enfin 14 bataillons du prince Eugène. Celui-ci, mordant de dépit ses gants et déchirant ses dentelles, avait assisté de loin, et impuissant, à cette ruine des siens comme de sa propre fortune. Tandis qu'il regagnait son quartier-général de Bermerain, MM. de Montesquiou et de Villars, en oubli des paroles vives tout à l'heure échangées, s'embrassaient à la face de l'armée.

Vainqueurs, nous poursuivons nos coups. Marchiennes tombe entre nos mains dix jours après, le 30 juillet; le 2 août, l'armée des

Impériaux, affamée, doit lever le siège de Landrecies et reculer vers le Nord. Nous reprenons Le Quesnoy ; nous reprenons Douai, Bouchain. Cette victoire de Denain, dont Napoléon
disait qu'elle avait sauvé la France, était la
dernière joie qui pouvait éclairer la vieillesse
douloureuse de Louis XIV ; c'était la journée
glorieuse qui pouvait lui permettre de signer
avant de mourir une paix honorable, le succès
réconfortant qui pouvait l'autoriser à dormir
dans les caveaux de Saint-Denis, confiant malgré les fautes et les défaillances en la vitalité
et en la grandeur de la France.

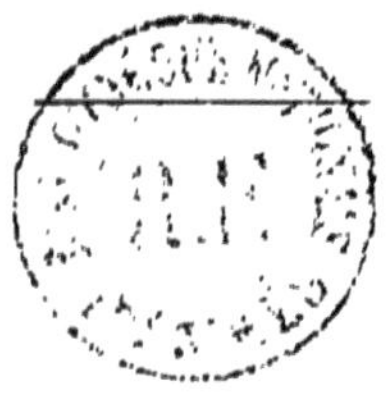

Imprimerie Générale de Châtillon-sur-Seine. — A. PICHAT.

BIBLIOTHEQUE NATIONALE DE FRANCE
3 7531 04426454 8